AF509276

LA FILLE DU RÉGIMENT,

OPÉRA-COMIQUE EN DEUX ACTES,

PAROLES DE MM. DE SAINT-GEORGES ET BAYARD

MUSIQUE DE M. DONIZETTI,

Représenté pour la première fois, à Paris, sur le théâtre royal de l'Opéra-Comique,
le 11 février 1840.

DISTRIBUTION :

LA MARQUISE DE BERKENFIELD............................... Mme BOULANGER.
SULPICE , sergent.................................... M. HENRI.
TONIO , jeune Tyrolien................................ M. MARIÉ.
MARIE , jeune vivandière.............................. Mlle BORGHÈSE.
LA DUCHESSE DE CRAKENTORP........................... Mme BLANCHARD.
HORTENSIUS , intendant de la Marquise.................. M. RIQUIER.
UN NOTAIRE.. M. LÉON.
UN CAPORAL... M. PALIANTI.

SOLDATS FRANCAIS, PAYSANS TYROLIENS, SEIGNEURS ET DAMES BAVAROIS.
VALETS DE LA MARQUISE.

La scène se passe dans le Tyrol.

ACTE I.

Le théâtre représente un site champêtre du Tyrol. A droite de l'acteur, une chaumière. A gauche, au
deuxième plan , un commencement de village. Au fond , des montagnes.

SCÈNE I.

LA MARQUISE, HORTENSIUS, TYROLIENS,
TYROLIENNES.

(Au lever du rideau, des Tyroliens sont en observation sur la montagne du fond. Un groupe de femmes est agenouillé devant une madone de pierre. La marquise de Berkenfield, assise dans un coin de la scène, se trouve mal de frayeur, soutenue par Hortensius, son intendant, qui lui fait respirer des sels. On entend une marche militaire qui semble s'approcher.)

INTRODUCTION.

CHŒUR DE TYROLIENS.

L'ennemi s'avance,
Amis, armons-nous !
Et, dans le silence,
Préparons nos coups.

CHŒUR DE FEMMES, priant.

Sainte madone !
Douce patrone !
A tes genoux,
Chacun te prie !..
Vierge Marie ,
Protége-nous !

HORTENSIUS, à la Marquise.

Allons , allons , madame la Marquise ,
Remettez-vous et faites un effort !

LA MARQUISE.

Par l'ennemi, se voir ainsi surprise !
Hélas ! c'est pire que la mort !

ENSEMBLE.

TYROLIENS.	FEMMES , priant.
L'ennemi s'avance ,	Sainte madone !
Amis, armons-nous !..	Douce patrone !
Et, dans le , etc.	A tes genoux, etc.

UN PAYSAN , accourant du fond.

Les Français quittent les montagnes...
Nous sommes sauvés , mes amis !..

CHŒUR DE FEMMES.

Enfin , la paix revient dans nos campagnes ;
Quel bonheur pour notre pays !

LA MARQUISE

Premier couplet.

Pour une femme de mon nom ,
Quel temps, hélas! qu'un temps de guerre !
Aux grandeurs on ne pense guère...
Rien n'est sacré pour le canon !

47

Aussi, vraiment, je vis à peine...
Je dépéris, je le sens bien...
Jusqu'aux vapeurs, à la migraine,
L'ennemi ne respecte rien !

Deuxième couplet.

Les Français, chacun me l'assure,
Sont aussi braves que galans...
Pour peu qu'on ait de la figure,
Ils deviennent entreprenans...
Aussi, je frémis quand j'y pense !
Hélas ! je les connais trop bien...
La beauté, les mœurs, l'innocence...
Ces gens-là ne respectent rien !

LE PAYSAN.

Les voilà loin... que votre frayeur cesse !

CHŒUR.

Ils sont partis !.. quelle allégresse !..

LA MARQUISE.

Puissent-ils ne plus revenir !..

CHŒUR GÉNÉRAL.

Allons, plus d'alarmes !
Vive le plaisir !
Le sort de leurs armes
Bientôt doit pâlir.
De la paix chérie,
Goûtons la douceur.
Enfin, la patrie
Va naître au bonheur !

LA MARQUISE, aux paysans.

Mes amis, mes chers amis... entourez-moi... ne m'abandonnez pas... J'ai les nerfs dans un état... car, enfin, si c'était une fausse manœuvre, s'ils revenaient sur leurs pas... ces soldats... ces terribles Français !..,

HORTENSIUS.

Aussi, qui diable pouvait penser qu'après avoir séjourné deux mois sur la frontière, ils allaient se mettre en marche, juste le jour où madame la Marquise quittait son château pour passer en Autriche...

LA MARQUISE.

Que faire ?.. que devenir ?.. Continuer ma route... je n'ose pas... Hortensius, j'ai eu grand tort de partir... de céder à vos conseils... mais vous trembliez tant !..

HORTENSIUS.

C'est que la peur de Madame m'avait gagné...

LA MARQUISE.

Oh ! moi, une femme... c'est permis... et quand on a déjà été victime de la guerre...

LES PAYSANS.

Vous ?..

HORTENSIUS, avec un soupir.

Oui, mes amis... oui... madame la Marquise a été victime... il y a long-temps...

LA MARQUISE.

Dans cette panique de Mérau, qui mit tous nos villages en fuite... un affreux malheur...

TOUS.

Quoi donc ?..

HORTENSIUS, bas aux paysans.

Silence !.. ne lui parlez pas de ça... elle se révanouirait... ça ne manque jamais !..

LA MARQUISE.

Et lorsque je songe à quoi je suis exposée aujourd'hui !.. moi, la dernière des Berkenfield... si j'allais rencontrer ce régiment !..

HORTENSIUS.

Je serais là pour vous défendre... pour vous protéger...

LA MARQUISE.

Soit !.. mais avant de prendre un parti, assurez-vous s'il n'y a plus de danger... Je vous attends là, dans cette chaumière... et, surtout, veillez bien sur ma voiture... et quand je pense que mon or, mes bijoux, tout est là exposé, comme moi, au pillage... Allez, Hortensius, et surtout ne me laissez pas trop long-temps seule...

HORTENSIUS,

Non, madame la Marquise !..

LA MARQUISE, aux paysans.

Mes amis, je ne vous quitte pas... Je vous confie mon honneur.

(Elle entre avec eux dans la chaumière.)

SCÈNE II.

HORTENSIUS, puis SULPICE.

HORTENSIUS, seul.

Quelle position pour un intendant calme et pacifique... se voir tout-à-coup transporté au sein des horreurs de la guerre !.. Je ne sais pas si c'est de froid, mais je tremble horriblement... Allons, allons... du cœur... on est homme, que diable !.. et si je me trouvais face à face avec un de ces enragés de Français, je lui dirais... je lui dirais... (Il se retourne et aperçoit Sulpice qui entre.) Monsieur, j'ai bien l'honneur de vous saluer !..

SULPICE, entrant sans le voir.

Ont-ils des jambes, ces gaillards-là !.. les voilà qui se sauvent dans leurs montagnes, comme si nous allions à la chasse aux chamois... (Apercevant Hortensius.) Ah ! ils ont oublié celui-là !..

HORTENSIUS, saluant de loin.

Monsieur l'officier...

SULPICE.

Avance à l'ordre, fantassin... Qu'est-ce que tu fais ici ?..

HORTENSIUS, tremblant.

Moi ?.. rien !.. je passais par hasard !..

SULPICE.

Eh mais ! on dirait que tu as le frisson !..

HORTENSIUS.

Au contraire... j'étouffe... je suis tout en eau !..

SULPICE.

Ah ça ! il n'y a donc que des poltrons dans ce pays-ci !..

HORTENSIUS, vivement.

Je n'en suis pas du pays... Je voyage avec ma maîtresse... une grande et noble dame qui va partir, si vous le permettez !..

SULPICE.

Son âge ?..

HORTENSIUS.

Cinquante ans !..

SULPICE.

Accordé.

HORTENSIUS.

Merci, mon officier !..

SULPICE, vivement.

Sergent !.. A propos, fais-moi donc le plaisir de dire à tous ces trembleurs-là, qu'ils peuvent montrer leurs oreilles... Nous venons mettre la paix partout... protéger les hommes, quand ils vont au pas... et les femmes, quand elles sont jolies...

HORTENSIUS.

Oui, mon officier !..

SULPICE.

Sergent !.. Et quant à ceux qui s'embusquent dans leurs bois, dans leurs montagnes, pour continuer la guerre, puisqu'ils ne veulent pas être Bavarois... ils n'ont qu'à se faire Français... C'est dans la proclamation... à ce qu'on m'a dit... car je ne l'ai pas lue... et pour cause... Allons ! volte-face, et bon voyage !..

HORTENSIUS.

Merci, mon officier !..

SULPICE, brusquement.

Sergent !..

HORTENSIUS, à part, étonné.

Ah ça ! pourquoi diable m'appelle-t-il sergent... Ce sont de braves gens, si vous voulez... mais ils ont des figures...

SULPICE.

Tu dis ?..

HORTENSIUS.

Rien, mon officier... rien que de très flatteur pour vous... Je cours prévenir madame la Marquise... (A part, en sortant.) Allons voir si la chaise de poste est en sûreté.

(Il sort par le fond.)

SCÈNE III.

SULPICE, puis MARIE.

SULPICE, regardant à droite.

Qui est-ce qui nous arrive-là?.. les camarades ! sans doute... Eh non c'est Marie, notre enfant... la perle, la gloire du vingt-unième... J'espère que cette figure-là n'aurait pas fait fuir les autres !..

DUO.

SULPICE, la voyant arriver.

La voilà ! la voilà... mordié qu'elle est gentille !..
    Est-il heureux, le régiment
    Qui possède une telle fille !..

MARIE, avec transport.

Mon régiment!.. j'en suis fière vraiment !
    C'est lui, dont l'amitié sincère
    A veillé sur mes jeunes ans...

SULPICE, avec joie.

N'est-ce pas ?..

MARIE.

    C'est lui seul qui m'a servi de père !..
    Et de famille, et de parens !..

SULPICE.

N'est-ce pas ?..

MARIE.

    Aussi, sans flatterie,
Je crois que je lui fais honneur !..

SULPICE, la montrant.

Oui, comme un ange elle est jolie !..

MARIE, avec énergie.

Et comme un soldat, j'ai du cœur !
    Au bruit de la guerre,
    J'ai reçu le jour...
    A tout, je préfère
    Le son du tambour,
    Sans crainte, à la gloire,
    Je marche soudain...
    Patrie et victoire,
    Voilà mon refrain !

SULPICE, avec orgueil.

C'est pourtant moi, je le confesse,
Qui l'élevai comme cela...
Jamais, jamais une duchesse,
N'aurait de ces manières-là !

ENSEMBLE.

MARIE.	SULPICE.
Au bruit de la guerre,	Au bruit de la guerre,
J'ai reçu le jour!..	Elle a reçu le jour!..
A tout, je préfère,	Et son cœur préfère,
Le son, etc...	Le son, etc...

SULPICE, à Marie.

Quel beau jour, quand la providence,
Enfant, te jeta dans nos bras !..
Quand tes cris rompaient le silence
De nos camps et de nos bivouacs !..

MARIE.

Chacun de vous, en tendre père,
Sur son dos me portait gaîment !
Et j'avais, fille militaire,
Pour berceau, votre fourniment !

SULPICE.

Où tu dormais paisiblement...

MARIE.

Où je dormais complétement.

TOUS LES DEUX.

Au doux bruit du tambour battant !

MARIE.

Mais, maintenant que je suis grande,
Comme on a la main au bonnet !

SULPICE.

C'est la consigne... on recommande,
A tous tes pères, le respect !..

MARIE.

Aux jours de fête ou de ravage
On me retrouve au champ d'honneur !

SULPICE.

Aux blessés rendant le courage...
Ou serrant la main du vainqueur !

MARIE.

Et puis le soir, à la cantine,
Qui vous ranime par son chant ?..

SULPICE.

Qui nous excite et nous lutine !..
Crédié !.. c'est encor notre enfant !..

MARIE.

Puis, au régiment, voulant faire
Mes preuves de capacité,
On m'a fait passer vivandière.

SULPICE.

Nommée à l'unanimité !..

TOUS LES DEUX.

Oui, morbleu ! je suis / elle est vivandière,

Nommée à l'unanimité !

MARIE, avec énergie.

Oui, je le crois, à la bataille,
S'il le fallait, je marcherais !

SULPICE.

Elle marcherait !

MARIE, de même.

Oui, je braverais la mitraille,
Et comme vous, je me battrais !

SULPICE.

Elle se battrait !

MARIE.

On dit que l'on tient de son père.
Je tiens du mien !

SULPICE, avec joie.

Elle tient du sien !

MARIE.

Comme à lui, la gloire m'est chère !
Je ne crains rien !

SULPICE.

Elle ne craint rien !

MARIE.

En avant ! en avant !
C'est le cri du régiment !

TOUS LES DEUX.

En avant ! en avant !
C'est le cri du régiment !

ENSEMBLE.

MARIE.	SULPICE.
Au bruit de la guerre,	Au bruit de la guerre,
J'ai reçu le jour !	Elle a reçu le jour !
A tout, je préfère.	Et son cœur préfère,
Etc...	Etc...

MARIE.

Eh bien ! à la bonne heure, mon ancien... te voilà plus gai qu'hier !..

SULPICE.

Comment, plus gai ?.. Mais je le suis toujours !..

MARIE.

Oh ! toujours !.. j'ai bien vu qu'hier on essuyait une larme... on passait sa main sur ces vieilles moustaches... ce qui est signe d'orage... Il y avait là du chagrin...

SULPICE.

Un peu, c'est vrai !.. j'avais le cœur serré comme le soir d'une bataille, quand on compte les amis qu'on a perdus... Je me rappelais, qu'il y a douze ans, à pareil jour, je traversais ces mêmes montagnes avec de braves camarades qui n'y sont plus... De ce temps-là, vois-tu, Marie, il ne reste plus que moi... (Lui tendant la main.) Et toi !..

MARIE.

Comme ça, nous sommes les deux plus vieux grenadiers du régiment !..

SULPICE.

Je m'y vois encore... Les Autrichiens fuyaient devant nous... la route était couverte de cais-

sons brisés... de paysans qui demandaient grace !.. tout-à-coup, dans la foule, sous les pieds des chevaux, nous apercevons un enfant abandonné qui semblait nous sourire et nous tendre ses petites mains...

MARIE.

C'était moi !..

SULPICE.

Mes amis, nous cria un vieil officier qui était à notre tête... Il est resté à Eylau celui-là !.. « Mes amis, c'est le ciel qui nous donne cet enfant... il sera le nôtre...» et il l'élevait dans ses bras... nous agitions nos schakos au bout de nos fusils, en répétant: « Oui ! oui !.. notre enfant... » et le régiment l'adopta... et tu fus baptisée sur le champ de bataille... où nous t'avions trouvée... et voilà comme tu es devenue la fille du vingt-unième.

MARIE.

La fille du régiment...

SULPICE.

Élevée avec nos économies... une retenue sur la paie de chaque mois... aussi, l'éducation est soignée, quoique tu sois un peu gâtée, et que tu nous mènes comme le tambour... n'importe ! obéissance passive... ça se transmet de grenadier en grenadier... les soldats s'en vont, mais le régiment reste... et les conscrits qui nous arrivent te disent, en défilant devant toi, la main au bonnet: Bonjour, ma fille !..

MARIE, faisant le même geste.

Et je leur réponds : Bonjour, mon père !..

SULPICE.

Au fait, tu n'en as pas d'autre !.. il n'y a pas eu moyen de découvrir ton pays, ta famille, malgré la lettre amphigourique que nous avions trouvée auprès de toi, et qui a passé dans mon sac, à poste fixe...

MARIE.

Mon bon Sulpice !..

SULPICE.

Aussi, nous remplirons à ton égard, tous les devoirs de la paternité... Et quand ton cœur aura pris sa feuille de route... ton père s'assemblera en masse, et s'occupera de ton établissement.

MARIE.

Oh ! ça ne presse pas !..

SULPICE.

Comme tu me dis ça !.. Est-ce que par hasard, les camarades auraient raison ?..

MARIE, troublée.

Les camarades...

SULPICE, l'examinant.

Ils racontent, que depuis quelque temps, tu sors seule de la cantine, que tu sembles les éviter... et qu'au dernier campement, ils ont vu quelqu'un te quitter brusquement, comme ils arrivaient... Mais, ce n'est pas vrai, n'est-ce pas ?..

MARIE.

Si fait !.. et je ne veux rien te cacher...

SULPICE.

V'là que j'ai le frisson !..

MARIE.

Que veux-tu ?.. on n'est pas maître des rencontres... Figure-toi , qu'un matin , je m'étais écartée du camp... je courais de rocher en rocher , pour me faire un bouquet... Voilà que j'aperçois une fleur... oh ! la jolie fleur !.. je l'ai gardée, elle est là !.. toujours là... Tout-à-coup, mon pied glisse... je pousse un cri, et je tombe !..

SULPICE.

Ah ! mon Dieu !..

MARIE.

Dans les bras d'un jeune homme qui se trouvait là...

SULPICE.

Dans les bras d'un jeune homme !..

MARIE.

Mais, écoute donc !

SULPICE.

Une jeune fille ne doit tomber que dans les bras de son père.

MARIE.

Dam ! je ne pouvais pas rester en l'air, en attendant le régiment.

SULPICE.

C'est juste !.. Et ce jeune homme était ?..

MARIE.

Très gentil.

SULPICE.

J'en étais sûr... c'est toujours comme ça dans les rencontres... Mais, son grade, son état, son pays ?..

MARIE.

Tyrolien... partisan, à ce qu'il m'a dit depuis.

SULPICE.

Tu l'as donc revu ?

MARIE.

Est-ce que je pouvais faire autrement ! Dès que je sortais du camp pour aller aux provisions, je le trouvais sur mes pas ; le matin, le soir, il était là... me suivant, me guettant... et toujours si respectueux, le pauvre garçon... à peine s'il osait me regarder en parlant !

SULPICE , s'oubliant.

En v'là un imbécile !.. (Se reprenant.) Non , non... du tout, au contraire... C'est très bien... c'est-à-dire, c'est très mal à toi de fréquenter un ennemi... un de ces maudits tirailleurs, qui, j'en suis sûr, s'embusquent dans leurs buissons, et nous tirent au gîte comme des lapins !

MARIE.

Oh ! quant à lui, je répondrais bien qu'il en est incapable... il a l'air si bon, si honnête, si doux !

SULPICE.

Peste ! notre fille, comme tu le défends !.. Tu m'as joliment l'air de passer à l'ennemi avec armes et bagages.

MARIE , tristement.

Ne crains rien... c'est fini... nous nous sommes quittés, il y a deux jours. Quand le régiment s'est remis en marche , il m'a fait ses adieux... (Très émue.) Et nous ne nous verrons plus !..

SULPICE.

Eh bien ! tant mieux, morbleu ! Est-ce que tu es faite pour être aimée d'un étranger, d'un ennemi ?.. une fille comme toi peut prétendre aux plus hauts partis. Quand on a l'honneur de posséder un père comme le tien... un père compo-

sé de quinze cents héros... d'ailleurs, tu ne dois épouser que l'un de nous... un brave du 21ᵉ, c'est promis.

MARIE.

Oui , oui , c'est juré. Tu as raison... je m'y suis engagée... c'est bien le moins, pour reconnaître vos soins, votre affection... Et puis, est-ce que je pourrais vous quitter ! Allons, n'y pensons plus... Mais, c'est égal... c'est dommage... il était gentil, notre ennemi.

SULPICE.

Qu'est-ce que j'entends là ?

MARIE.

Ce sont les autres qui viennent nous chercher... Je cours enlever ma cantine. (A Sulpice.) Adieu, mon père !..

SULPICE.

Adieu, ma fille !..

SCÈNE IV.

LES MÊMES, SOLDATS , TONIO.

CHŒUR, poussant Tonio.

Allons, allons, marche à l'instant !..
Tu rôdais près de notre camp !

MARIE, redescendant la scène, en apercevant Tonio.

Qu'ai-je vu, grand Dieu ! le voici !

CHŒUR.

Qu'on l'entraîne !

MARIE.

Arrêtez !..

(A Sulpice.

C'est lui !

SULPICE, à Marie.

Eh ! quoi, c'est l'étranger qui t'aime !..

TONIO, à part, regardant Marie.

Ah ! pour mon cœur, quel trouble extrême !

MARIE, bas à Tonio.

Qui vous amène parmi nous ?..

TONIO, bas, avec passion.

Puis-je y chercher d'autres que vous !..

CHŒUR , l'entourant.

C'est un traître,
Qui, peut-être,
Vient connaître
Nos secrets...
Qu'il périsse !..
La justice
Est propice
Aux Français !

MARIE, se précipitant au milieu d'eux.

Un instant, mes amis, un instant, je vous prie...

CHŒUR.

Non, non... pas de quartier... pour les traîtres, la mort !.

MARIE, avec énergie.

Quoi ! la mort à celui qui m'a sauvé la vie !..

CHŒUR.

Que dit-elle ?.. est-il vrai ?.. Ce mot change son sort.

CHANT.

MARIE.

Un soir, au fond d'un précipice,
J'allais tomber, sans son secours ;

Il m'a sauvée en exposant ses jours.
Voulez-vous encor qu'il périsse?..

LE CAPORAL.

Non, vraiment, s'il en est ainsi,
Le camarade est notre ami!..

TONIO, tendant la main aux soldats.

(A part.)

Je le veux bien!.. Car, de cette manière,
Je puis me rapprocher de celle qui m'est chère.

SULPICE.

Allons, allons... pour fêter le sauveur
De notre enfant, de notre fille!..
Buvons, trinquons, à son libérateur!
Un tour de rhum : c'est fête de famille.

(A Marie, pendant que les soldats s'apprêtent à boire.)

ENSEMBLE.

SULPICE.

Pauvre enfant, quelle ivresse
S'empare de son cœur!
Cette folle tendresse
Doit faire son malheur!

TONIO et MARIE.

Quel instant plein d'ivresse!
Ah! je sens, à mon cœur,
Que sa seule tendresse
Peut faire mon bonheur!

SULPICE, à Tonio.

Allons! trinquons à la Bavière,
Qui va devenir ton pays!

TONIO, avec force.

Jamais! jamais!.. plutôt briser mon verre!..

CHŒUR.

Que dit-il?.,

TONIO.

A la France! à mes nouveaux amis!

CHŒUR.

A la France! à la France!.. à tes nouveaux amis!

SULPICE à Marie.

Pour que la fête
Soit complète,
Tu vas nous dire, mon enfant,
Notre ronde du régiment!

CHŒUR, entourant Marie.

Écoutons, écoutons le chant du régiment!

RONDE.

MARIE.

Premier couplet.

Chacun le sait, chacun le dit,
Le régiment par excellence,
Le seul à qui l'on fait crédit
Dans tous les cabarets de France...
Le régiment, en tout pays,
L'effroi des amans, des maris...
Mais de la beauté bien suprême!
Il est là, morbleu!
Le voilà, corbleu!
Le beau Vingt-et-unième!

CHŒUR répétant.

Le régiment, en tout pays,
L'effroi des amans, des maris...
Etc... etc...

TONIO.

Viva le Vingt-et-unième!

MARIE.

Deuxième couplet.

Il a gagné tant de combats,
Que notre empereur, on le pense,
Fera chacun de ses soldats,
A la paix, maréchal de France!
Car, c'est connu... le régiment
Le plus vainqueur, le plus charmant,
Qu'un sexe craint, et que l'autre aime,
Il est là, morbleu?
Le voilà, corbleu!
Le beau Vingt-et-unième!

CHŒUR répétant.

Oui, c'est connu, le régiment
Le plus vainqueur, le plus charmant,
Etc... etc...

(On entend le tambour.

SULPICE aux soldats.

C'est l'instant de l'appel!.. en avant!
Et ne plaisantons pas avec le règlement.

MARIE et TONIO, avec joie.

Ils s'en vont!

SULPICE, à Tonio.

Toi, garçon... hors d'ici!..

MARIE, vivement.

Il est mon prisonnier, et je réponds de lui!

SULPICE entre eux.

Moi, je n'en réponds pas... Allons, suis-les, l'ami!

(Deux soldats font sortir Tonio par le fond.)

CHŒUR GÉNÉRAL.

Dès que l'appel sonne,
On doit obéir.
Le tambour résonne,
Vite, il faut courir;
Mais, en temps de guerre,
Narguons le chagrin...
Nous ne sommes guère
Sûrs du lendemain!

(Sulpice, le Caporal et les Soldats, sortent tous avec Tonio.)

SCÈNE V.

MARIE, puis TONIO.

MARIE, seule.

Ils l'ont emmené... Moi, qui aurais tant voulu causer avec lui... Pauvre garçon!.. s'exposer ainsi pour me voir... Qu'est-ce que j'entends là?., (Apercevant Tonio, qui descend la montagne.) C'est lui!.. ah! mon Dieu! comme il court!..

TONIO, accourant.

Me v'là, Mam'zelle... me v'là!..

MARIE.

Comment, c'est vous?.. Moi, qui croyais...

TONIO.

Que je les suivrais!.. J'en ai eu l'air... mais, au détour du bois, à deux pas d'ici, j'ai disparu avant qu'ils aient tourné la tête. Nous sommes agiles, voyez-vous, mam'zelle, dans ce pays-ci... d'autant plus, que je n'ai pas risqué de me faire tuer par vos Français, pour venir faire la conversation avec eux... Ils ne sont déjà pas si aimables... le vieux surtout, qui vous a une figure que je ne peux pas souffrir...

MARIE.

C'est mon père !..

TONIO.

Le vieux ?.. Alors, je me trompais... c'est le
petit qui était là...

MARIE, souriant.

C'est encore mon père !..

TONIO, stupéfait.

Ah bah !.. Alors, c'est les autres...

MARIE.

C'est toujours mon père...

TONIO.

Ah ça ! vous en avez donc un régiment ?..

MARIE.

Juste !.. le régiment... mon père adoptif... je
leur dois un état, une éducation soignée... Il
n'y a pas de fille plus heureuse que moi !..

TONIO.

Vrai ?.. Oh ! alors, Mam'zelle, se sont de
braves gens... et je vais les aimer à votre inten-
tion... Mais c'est égal... sans vous, tout à
l'heure...

MARIE.

Mais aussi, pourquoi veniez-vous ainsi près
de notre camp... puisque nous nous étions
dit adieu... puisque nous ne devions plus nous
revoir...

TONIO.

Hélas ! Mam'zelle... je le croyais... je le voulais même... car, enfin, vous êtes Française, je
suis Tyrolien... Mais hier, quand j'ai entendu
votre régiment se remettre en marche... quand
j'ai pensé que vous quittiez le pays... peut-être
pour toujours... je n'y ai pas tenu... je me suis
sauvé... j'ai couru sur vos traces... et me
voilà !..

MARIE.

Mais enfin, M. Tonio... qu'est-que vous me
voulez ?.. qu'est-ce que vous venez faire ici ?..

TONIO.

Je viens vous dire que je vous aime... que
je n'aimerai jamais que vous... et que je mour-
rais plutôt que de vous oublier ou de vous
perdre...

DUO.

MARIE, à Tonio.

Quoi ! vous m'aimez ?..

TONIO.

Si je vous aime !..
Écoutez !.. écoutez !.. et jugez vous même.

MARIE, souriant

Voyons, écoutons !
Écoutons, et jugeons !..

TONIO.

Depuis l'instant où, dans mes bras,
Je vous reçus toute tremblante,
Votre image douce et charmante,
Nuit et jour, s'attache à mes pas...

MARIE.

Mais, Monsieur, c'est de la mémoire,
De la mémoire... et voilà tout...

TONIO.

Attendez... attendez... vous n'êtes pas au bout !
A mes aveux vous allez croire !..

MARIE.

Voyons, écoutons !
Écoutons, et jugeons !

TONIO.

Le beau pays de mon enfance,
Les amis que je chérissais...
Ah ! pour vous, je le sens d'avance,
Sans peine, je les quitterais !..

MARIE.

Mais une telle indifférence
Est très coupable assurément !

TONIO, avec feu.

Et puis enfin, de votre absence,
Ne pouvant vaincre le tourment,
J'ai bravé, jusque dans ce camp,
Le coup d'une balle ennemie...

MARIE.

Ah ! je le sais... et c'est affreux...
Quand on aime les gens, pour eux,
L'on conserve son existence...

ENSEMBLE.

TONIO à part.

A cet aveu si tendre,
Non, son cœur, en ce jour,
Ne peut pas se défendre,
Car c'est là de l'amour !

MARIE, à part.

De cet aveu si tendre,
Non, mon cœur, en ce jour,
Ne sait pas se défendre,
Car c'est là de l'amour !

TONIO, à Marie.

Vous voyez bien que je vous aime !
Mais j'aime seul...

MARIE.

Jugez vous même !

TONIO.

Voyons, écoutons !
Écoutons, et jugeons !

MARIE.

Long-temps coquette, heureuse et vive,
Je riais d'un adorateur...
Maintenant, mon âme pensive,
Sent qu'il est un autre bonheur !

TONIO, avec joie.

Très bien ! très bien !

MARIE.

J'aimais la guerre,
Je détestais nos ennemis...
Mais, à présent, je suis sincère,
Le regardant.

Pour l'un d'eux, hélas ! je frémis !

TONIO.

De mieux en mieux !

MARIE.

Et du jour plein d'alarmes,
Où, ranimant mes sens, au parfum d'une fleur,
Je la sentis humide de vos larmes...

TONIO.

Eh bien ?..

MARIE, baissant les yeux.

La douce fleur, trésor rempli de charmes,
Depuis ce jour, n'a pas quitté mon cœur !

ENSEMBLE.

TONIO.

De cet aveu si tendre,
Non, son cœur, en ce jour, etc.

MARIE.

De cet aveu si tendre,
Non, son cœur, en ce jour, etc.

TONIO.

Oui, je t'aime, Marie...
Je t'aime, et pour toujours!..
Plutôt perdre la vie
Que perdre nos amours !

ENSEMBLE.

MARIE.

Sur le cœur de Marie,
Tonio, compte toujours !..
Plutôt perdre la vie
Que perdre nos amours !

TONIO.

Oui, je t'aime, Marie,
Je t'aime, et pour toujours !..
Plutôt perdre la vie
Que perdre nos amours !

SCÈNE VI.

LES MÊMES, SULPICE.

SULPICE, les surprenant au moment où Tonio
embrasse Marie.

Ah ! mille z'yeux !.. qu'est-ce que je vois là ?..
encore le Tyrolien !.,

MARIE.

Sulpice !..

TONIO.

Ne faites pas attention, Mam' elle... puisque
je vous aime... puisque vous m'aimez !..

SULPICE, prenant Tonio par le bras.

C'est ça... ne vous dérangez pas... on a le
temps !..

MARIE.

Eh bien ! quand tu gronderas... ce pauvre
garçon ne faisait rien de mal, au contraire...

SULPICE, entre eux.

Excusez... un baiser !..

MARIE, naïvement.

Rien qu'un !..

SULPICE.

Que ça ?..

TONIO, s'avançant.

Alors, je vas en prendre un autre !..

SULPICE, l'arrêtant.

Demi-tour à droite, conscrit !..

TONIO.

Mais, monsieur le soldat, puisque je l'aime...

SULPICE.

Et qu'est-ce qui te l'a permis ?..

TONIO.

Mais, c'est elle !..

SULPICE.

Elle !.. ça ne se peut pas, morbleu !... Marie
ne peut permettre de l'aimer qu'à un des
nôtres... à un brave du vingt-unième, c'est convenu... elle me l'a juré encore tout à l'heure, à

moi-même, en personne... il n'y a pas à en revenir !..

TONIO.

Comment, Mam'zelle... il serait vrai ?..

MARIE.

Oui, Tonio... j'ai promis de n'épouser qu'un
des nôtres, si je me mariais jamais... mais ras-
surez-vous... je ne me marierai pas... j'y suis
décidée... je resterai libre... et comme ça, personne n'aura rien à me reprocher... ni le droit
de me rendre malheureuse !..

TONIO.

Du tout, Mam'zelle... vous vous marierez... et
avec moi, encore !..

SULPICE.

Suffit !.. assez causé !..

TONIO, courant à elle.

Oh ! vous ne me ferez pas peur, vous !..
Laissez donc, Mam'zelle... il a beau dire, si vous
m'aimez, il n'est pas votre père à lui tout seul...
et si les autres me donnent leur consentement...
il sera bien obligé d'en passer par là... Adieu !
je ne vous dis que ça !..   (Il sort.)

SCÈNE VII.

SULPICE, MARIE.

SULPICE.

En v'là, un audacieux !.. me braver en face...
moi, Sulpice Pingot, dit le Grognard... que sa
majesté l'Empereur et roi a décoré du grade
éminent de sergent, sur le champ de bataille...

MARIE.

En tout cas, ça n'est pas pour ton amabilité...

SULPICE.

On ne donne pas de chevrons pour ça !..
mais quant à ce maudit Tyrolien, qui veut t'enlever à ton régiment, à tes amis... s'il rôde encore par ici... arrêté comme partisan, et fusillé
incontinent !..

MARIE.

Quelle horreur !.. c'est affreux, ce que tu me
dis là... c'est d'un mauvais cœur... d'un méchant soldat...

SULPICE.

Un méchant soldat !..

MARIE.

Oui, morbleu !.. d'un envieux... d'un tyran...
et si le régiment pense comme toi... eh bien !
je te quitterai, je vous quitterai tous... et sans
regret encore... car enfin, je suis libre, moi !..

SULPICE.

Ça n'est pas vrai !..

MARIE.

Je suis ma maîtresse !..

SULPICE.

C'est ce que nous verrons !

MARIE.

Eh bien ! tu le verras ! je m'en irai... je chan-
gerai de régiment... Il n'en manque pas dans
l'armée, Dieu merci !.. Et je suis sûre que du
moins, j'y trouverai des camarades plus aimables, et surtout plus généreux que toi !..

(Elle sort vivement.)

SULPICE, la rappelant.

Marie ! Marie !.. (Avec colère.) Donnez donc de l'éducation à vos enfans !.. Mille z'yeux ! une fille que nous avons élevée, qui nous appartient !.. elle nous quitterait, l'ingrate !.. Ah ! bien oui, si elle croit qu'on change de père comme ça !..

SCÈNE VIII.

SULPICE, LA MARQUISE, HORTENSIUS.

HORTENSIUS, montrant Sulpice à la Marquise.

Voilà l'officier français en question... N'ayez pas peur... Il est fort laid, mais très aimable !..

LA MARQUISE, tremblant.

Vous en êtes sûr, Hortensius... Rien que l'habit me fait mal aux nerfs !..

SULPICE, à lui-même.

C'est pourtant ce blanc-bec-là qui lui tourne la tête, qui lui fait manquer de respect aux anciens... Mais, au fait, c'est un insurgé ; je le fais arrêter, je l'envoie à Inspruck, et dans les vingt-quatre heures, fusillé !..

LA MARQUISE, effrayée.

Ah ! mon Dieu !..

HORTENSIUS, de même, à la Marquise.

Il a dit : Fusillé !.. (Présentant la Marquise à Sulpice.) C'est Madame la Marquise qui demande à vous parler.

SULPICE.

Ah ! c'est madame... (A part.) Ils ont de drôles de têtes dans ce pays-ci !

LA MARQUISE.

Oui, monsieur le capitaine !..

SULPICE.

Merci ! (A part.) Ils me font monter en grade diablement vite, ces gens-là !

HORTENSIUS.

Voici ce que c'est. Madame la...

SULPICE, prenant le milieu.

Silence dans les rangs !.. Madame se faisait l'honneur de me dire...

LA MARQUISE.

Monsieur le capitaine...

SULPICE, à part.

Elle y tient ! (Haut.) Allez toujours... il n'y a pas de mal, au contraire !..

LA MARQUISE.

J'allais partir pour continuer ma route...

HORTENSIUS.

Madame la Marquise ne faisait que passer...

SULPICE.

Silence dans les rangs !

LA MARQUISE.

Renonçant à mon voyage, je voulais retourner dans mon château, où l'on est soumis à la Bavière et à la France... mais nos montagnes sont remplies de soldats... et j'ai peur !

SULPICE.

Vous êtes bien bonne, madame la Marquise !

HORTENSIUS.

Vous êtes tous des braves ! on ne craint rien de vous... Mais quelquefois !

SULPICE.

Silence dans les... (A part.) Il est très bavard, le vieux.

HORTENSIUS, à part.

Diable d'homme ! pas moyen de placer un mot !..

LA MARQUISE.

J'ai donc pensé que les Français, étant aussi galans que braves, vous ne refuseriez pas de me faire protéger, par quelques-uns de vos soldats, jusqu'à mon château.

SULPICE.

A combien d'ici ?

LA MARQUISE.

Une petite lieue, tout au plus... De cette montagne, on peut apercevoir les tours de Berkenfield.

SULPICE, étonné.

De Ber...

HORTENSIUS.

Kenfield !..

SULPICE, surpris.

Permettez, madame la Marquise... votre château, vous le nommez ?

LA MARQUISE.

Eh ! mais, du même nom que moi !

SULPICE, avec éclat.

Vous ! sacrebleu ! il se pourrait !.. Ah ! pardon, c'est que ce nom-là... Il y a des choses qui coupent la respiration... Ber...

HORTENSIUS.

Berkenfield ! C'est un beau nom !..

SULPICE.

Eh ! que le diable l'emporte !.. Je n'ai jamais pu le prononcer de ma vie... Mais je l'ai bien retenu... C'est donc un nom, un château. Voilà ce qu'on ne pouvait pas deviner... D'ailleurs, comment supposer !..

LA MARQUISE.

Que voulez-vous dire ?

SULPICE, à lui-même.

Et puis, quel rapport entre ce nom-là et celui de Robert !

LA MARQUISE.

Plaît-il ? le capitaine Robert ?..

SULPICE.

Capitaine, c'est possible ! un Français !.. Vous l'avez connu ?

LA MARQUISE, vivement.

Beaucoup, monsieur !.. (Se reprenant.) C'est-à-dire, non pas moi... mais une personne de ma famille !..

SULPICE.

Une cousine... une tante... une sœur ?

LA MARQUISE, vivement.

Ma sœur... oui, monsieur... c'était ma sœur !

SULPICE.

Et cette sœur, elle existe encore ?..

LA MARQUISE.

Elle n'existe plus !.. Mais de son mariage avec ce Français, il naquit un enfant...

SULPICE, vivement.

Une fille !..

LA MARQUISE.

Comment savez-vous ?.. En effet, une pauvre enfant que le capitaine m'adressait avant de mourir... Il y a de cela douze ans... mais le vieux serviteur à qui elle fut confiée, surpris dans la panique de Méran, y perdit la vie... Et la seule héritière de ma fortune et de mon nom...

SULPICE.

Votre nièce ?

HORTENSIUS.

Qui serait baronne aujourd'hui...

LA MARQUISE.

Perdue, abandonnée, écrasée dans la foule... morte, la pauvre enfant !

SULPICE.

Sauvée !.. sauvée, Mᵐᵉ de Krikenfield ! sauvée ! grace à nous!..

LA MARQUISE.

Il se pourrait!.. Ah! mon Dieu! monsieur, soutenez-moi !..

SULPICE.

Mille tonnerres!.. c'est que j'ai de la peine à me soutenir moi-même.

HORTENSIUS, passant à la Marquise.

Et vous êtes sûr ?..

SULPICE.

Sauvée, vous dis-je ! par de braves gens, qui n'ont pas demandé si elle était française ou ennemie... qui l'ont élevée, nourrie, soignée, la pauvre petite !..

LA MARQUISE.

Vous la connaissez donc ?

SULPICE.

Si je la connais !..

HORTENSIUS.

Elle est loin d'ici ?

SULPICE.

A deux pas !..

LA MARQUISE.

Ah! monsieur! rendez-moi ma nièce, mon enfant... Conduisez-moi près d'elle... Car vous avez la preuve, n'est-ce pas ?

SULPICE.

La preuve! (Allant ouvrir son sac.) Elle est là, dans mon sac... Une lettre que je n'ai jamais pu lire... Mais, les autres, les savans prétendent qu'avec ça, l'on ne doutera pas de ce qu'est notre Marie...

LA MARQUISE, le suivant.

Marie !.. Il l'appelle Marie !.. Mais encore un mot, monsieur... Cette enfant, est-elle digne de moi... de son nom... du nom de Berkenfield ?..

SULPICE, cherchant toujours.

De Berkel... Je crois bien !..

LA MARQUISE.

Elle a été élevée...

SULPICE.

Parfaitement; je m'en flatte !

HORTENSIUS.

Dans des principes...

SULPICE.

Solides. Des vertus... et un ton excellent !

MARIE, paraissant au fond.

Ah! corbleu! ont-ils soif, ces gaillards-là !

SCÈNE IX.

LES MÊMES, MARIE.

SULPICE, à part. *

La voilà !

HORTENSIUS, qui a entendu Marie.

Comme ça jure, ces femmes-là !

MARIE, s'approchant de Sulpice, qui lui tourne le dos.

Il me boude! mais, au fait, c'est un ancien, c'est à moi de faire les avances... (Lui tendant la main.) Sulpice... mon ami...

SULPICE, froidement.

Plaît-il ?..

MARIE.

Allons, faisons la paix !.. Tu sais si je vous aime tous, et si Marie voudrait jamais vous quitter...

LA MARQUISE.

Marie, dit-elle... Marie... ce serait...

HORTENSIUS, à part.

Cette fille-là, une baronne !..

LA MARQUISE, bas à Sulpice.

La lettre, monsieur... la lettre ?

SULPICE.

La voilà.   (La Marquise la lit des yeux.)

MARIE, à Sulpice.

Eh bien ! tu m'en veux encore... tu détournes les yeux...

SULPICE.

Non, mon enfant... non, je ne t'en veux pas... Mais tu seras toujours une bonne fille... tu ne nous oublieras pas...

MARIE.

Vous oublier ! moi, mes seuls amis! ma seule famille !..

SULPICE.

Ta famille... tu en as une autre, Marie... une grande, bien noble, bien riche...

MARIE.

Comment, j'aurais encore des parens... des vrais parens ?.. Ah! ne te fâche pas, mais cette idée-là, vois-tu... c'est malgré soi... ça fait plaisir !..

LA MARQUISE, à Sulpice.

J'ai tout lu, monsieur... Cette lettre est bien du capitaine Robert.

MARIE.

Qu'est-ce que dit donc cette dame ?

SULPICE.

Elle dit... elle dit, mon enfant... que tu es sa nièce, et que voilà ta tante !..

(Il la pousse dans les bras de la Marquise.)

MARIE, avec explosion.

Ma tante ! vous êtes ma tante !.. Ah! sacrebleu! j'en suis bien aise!..

LA MARQUISE.

Ah! mon Dieu! elle jure,...

HORTENSIUS, à part.

O ciel! quelle éducation !..

SULPICE.

Oui, madame la Marquise... Marie, notre enfant, que nous avons adoptée au milieu de la bagarre... Le moyen de retrouver sa famille, avec ça... En attendant, elle était orpheline, abandonnée... Il lui fallait un protecteur, un père... et nous étions là !..

LA MARQUISE.

C'est bien ! vous êtes de braves gens, vous et vos camarades... Je ne l'oublierai pas.

MARIE.

Je vas vous présenter mon père... le régiment tout entier... (Montrant Sulpice.) En voilà déjà un échantillon... hein ?.. il est gentil... (Tirant ses moustaches.) Un peu grognard, pourtant !..

LA MARQUISE.

Certainement... ils auront des marques de ma reconnaissance... plus tard... (Bas à Hortensius.) Il faut l'enlever à ces gens-là !..

HORTENSIUS, de même.

Le plus vite possible !..

LA MARQUISE.

Hortensius, demandez des chevaux à l'instant.. il me tarde d'emmener ma nièce dans le château de ses ancêtres...

MARIE.

Comment ! au château !.. et mes camarades... et ma cantine ?..

LA MARQUISE.

Il ne s'agit plus de cela, mon enfant... il faut que vous repreniez désormais le titre et le rang qui vous conviennent... et vous allez me suivre à l'instant...

HORTENSIUS.

Sans doute !..

MARIE.

Vous suivre !.. les abandonner... mes amis... mes bienfaiteurs !..

LA MARQUISE.

Je le désire... et au besoin, je le veux !..

MARIE.

Et de quel droit, donc, Madame ?..

LA MARQUISE, avec émotion.

De celui que votre malheureux père m'a donné sur vous, en mourant !..

MARIE.

Mon père !..

LA MARQUISE.

Lisez ce qu'il m'écrivait... et songez-y, Marie, un pareil vœu doit être sacré...

(Elle lui donne la lettre.)

MARIE, lisant.

« Madame, demain on se bat... demain, peut-»être, je ne serai plus... je remets en vos mains »ma fille, qui n'a que vous au monde, pour sou-»tien... puisse-t-elle vous payer, en vous obéis-»sant, comme la plus tendre fille, de toutes les »bontés que vous avez eues pour moi... puisse-»t-elle un jour être digne de sa famille... et vous »faire oublier les torts de son père qui la bé-»nit... ROBERT ! » (Attendrie à la Marquise.) Ah ! Madame...

SULPICE, ému à Marie.

Allons! du courage... il le faut !

MARIE.

Eh bien ! oui... je partirai... mais vous viendrez tous avec moi... tous !..

HORTENSIUS.

Miséricorde !.. un régiment !..

LA MARQUISE.

Oui, plus tard, nous verrons... venez, ma nièce...

MARIE.

Oh! non... je ne m'éloigne pas ainsi... je veux les revoir... leur faire mes adieux... mais en ce moment... je n'en aurais ni le courage... ni la force !..

(Sulpice va au fond parler à un tambour qui paraît.)

LA MARQUISE.

Venez, mon enfant... venez... là, un instant, dans cette chaumière...

SULPICE.

En attendant le retour des camarades... et tandis que le vieux ira commander les chevaux de Madame...

LA MARQUISE.

Hâtez-vous, Hortensius !..

SULPICE.

Hâte-toi, Hortensius !..

HORTENSIUS, à part.

Eh bien ! à la bonne heure... il ne m'appelle plus sergent !..

(Marie et Sulpice rentrent dans la chaumière, Hortensius sort du côté opposé.)

SCÈNE X.

LES SOLDATS, accourant de tous côtés au bruit du tambour dont on entend un roulement prolongé.

FINALE.

CHŒUR très joyeux.

Rantanplan ! rantanplan !
Quand le son charmant
Du tambour bruyant,
Nous appelle au régiment.
Chaque cœur, à l'instant,
D'un doux battement,
A ce roulement
Fait un accompagnement,
Rantanplan ! rantanplan !
Plan !
Vive la guerre et ses alarmes !
Et la victoire et les combats !
Vive la mort, quand sous les armes
On la trouve en braves soldats !

CHŒUR.

Rantanplan ! rantanplan !
Quand le son charmant, etc.

LE CAPORAL, regardant au fond.

Qui nous arrive là ?.. eh! c'est le jeune paysan de ce matin... une nouvelle recrue... un nouveau soldat !..

SCÈNE XI.

LES MÊMES, TONIO, avec la cocarde française à son bonnet.

CAVATINE.

TONIO.

Ah! mes amis, quel jour de fête !
Je vais marcher sous vos drapeaux.

L'amour qui m'a tourné la tête ,
Désormais me rend un héros.
Oui , celle pour qui je soupire,
A mes vœux a daigné sourire,
Et ce doux espoir de bonheur
Trouble ma raison et mon cœur !

CHŒUR , montrant Tonio

Le camarade est amoureux !

TONIO.

Et c'est en vous seuls que j'espère.

CHŒUR.

Quoi! c'est notre enfant que tu veux !

TONIO.

Donnez-la-moi, Messieurs son père.

CHŒUR.

Non pas... elle est promise à notre régiment !

TONIO.

Mais j'en suis, puisqu'en cet instant
Je viens de m'engager, pour cela seulement !

CHŒUR.

Tant pis pour toi !

TONIO.

Mais votre fille m'aime !

CHŒUR.

Se pourrait-il!.. quoi ! notre enfant !

TONIO, avec passion.

Elle m'aime, vous dis-je... ici, j'en fais serment !

(Les soldats se consultent entre eux.)

CHŒUR.

Que dire et que faire ?
Puisqu'il a su plaire .
Faut-il en bon père
Ici, consentir ?
Mais pourtant j'enrage,
Car c'est grand dommage
De l'unir avec
Un pareil blanc-bec !

TONIO.

Eh bien ?

CHŒUR.

Si tu dis vrai , son père, en ce moment ,

(Avec solennité.)

Te promet son consentement...

TONIO avec transport.

Pour mon âme
Quel destin !
J'ai sa flamme
J'ai sa main !
Jour prospère !
Me voici
Militaire
Et mari !

ENSEMBLE.

CHŒUR.	TONIO.
Puisqu'il a su plaire,	Pour mon âme
Il faut en bon père	Quel destin !
Ici consentir, etc.	J'ai sa flamme, etc.

SCÈNE XII.

Les Mêmes, SULPICE et MARIE sortant de la chaumière.

TONIO, à Sulpice.

Elle est à moi!.. son père me la donne !..

SULPICE, avec humeur.

Elle ne peut être à personne !
Qu'à sa tante , qui va l'emmener de ces lieux !

CHŒUR.

Emmener notre enfant ! que dit-il donc, grands dieux !

TONIO.

L'emmener loin de moi !.. mais c'est un rêve affreux!

MARIE, se rapprochant des soldats.

ROMANCE.

Premier couplet.

Il faut partir !
Il faut, mes bons compagnons d'armes,
Désormais, loin de vous m'enfuir !
Mais par pitié cachez-moi bien vos larmes,
Vos regrets pour mon cœur, hélas! ont trop de charmes!
Il faut partir !

Deuxième couplet.

Il faut partir !
Adieu ! vous que, dès mon enfance,
Sans peine, j'appris à chérir,
Vous, dont j'ai partagé les plaisirs, la souffrance,
Au lieu d'un vrai bonheur, on m'offre l'opulence ,
Il faut partir !

TONIO, à Marie.

Eh bien ! si vous partez, je vous suis...

SULPICE.

Non, vraiment !

N'es-tu pas engagé !..

MARIE.

Tonio !

TONIO.

Chère Marie !

MARIE.

Ce coup manquait à mon tourment...
Le perdre !.. quand à lui je pouvais être unie !

CHŒUR.

O douleur ! ô surprise !
Elle quitte ces lieux !..
Au diable! la marquise
Qui l'enlève à nos vœux !
Aux combats, à la guerre,
Près de nous, cette enfant
Est l'ange tutélaire
De notre régiment !

TONIO et MARIE, à part.

Plus d'avenir ! plus d'espérance !
Mon bonheur n'a duré qu'un jour!
Que faire, hélas ! de l'existence,
Quand on perd son unique amour !

SCÈNE XIII.

Les Mêmes, LA MARQUISE sortant de la chaumière.

LA MARQUISE, à Marie.

Suis-moi ! suis-moi... quittons ces lieux !

MARIE, aux soldats.

Mes chers amis, recevez mes adieux !
Ta main, Pierre!.. Jacques, la tienne !
Et toi, mon vieux Thomas !
Et toi, mon brave Étienne
Qui tout enfant, me portais dans tes bras...
Embrasse-moi, Sulpice !..

LA MARQUISE, avec indignation.

Ah ! quelle horreur, ma nièce !

MARIE.

Ils ont pris soin de ma jeunesse..,
De ces braves je suis l'enfant !

CHŒUR.

C'est la fille du régiment !

SULPICE, aux soldats.

Allons, enfans, assez de larmes !..
Pour votre fille, portez armes !
Et puis, en route, à la grace de Dieu !

MARIE, entraînée par la Marquise.

Adieu ! adieu ! adieu ! adieu !

CHŒUR.

Adieu ! adieu !

TONIO.

Adieu, chère Marie !.. adieu !

(Les tambours battent aux champs. — Les soldats présentent les armes à Marie, commandés par Sulpice qui s'essuie les yeux. — Marie, au fond du théâtre, leur fait un signe d'adieu, en pleurant, tandis que Tonio, sur le devant de la scène, rejette sa cocarde et la foule aux pieds avec désespoir.   Tableau.)

FIN DU PREMIER ACTE.

ACTE II.

Le théâtre représente un salon ouvrant, par trois portes au fond, sur une vaste galerie donnant sur le parc. Portes latérales. A droite, un clavecin. A gauche, une fenêtre et balcon.

SCÈNE I.

LA MARQUISE, LA DUCHESSE DE CRA-KENTORP, elles sont assises ; à gauche, UN NOTAIRE, devant une table, lisant un contrat de mariage.

LE NOTAIRE, lisant.

« Madame la duchesse de Crakentorp cède et »abandonne au duc Scipion de Crakentorp, son »neveu, son fief et sa baronnie rapportant dix »mille florins de rente. »

LA DUCHESSE.

Très bien !

LA MARQUISE, au notaire.

Écrivez, que de mon côté, j'avantage ma nièce de ma terre seigneuriale de Berkenfield.

LA DUCHESSE.

A merveille !..

LA MARQUISE, au notaire.

Nous sommes d'accord sur les autres clauses... faites en sorte, Monsieur le notaire, que le contrat de mariage soit prêt à être signé ce soir... (Saluant la duchesse.) Je ne veux pas retarder l'honneur que Mme la Duchesse daigne faire à ma famille...

LA DUCHESSE.

Ajoutez que Sa Majesté le désirait... et que sa volonté...

UN VALET, annonçant.

La voiture de madame la Duchesse !..

LA DUCHESSE, se levant.

A ce soir, madame la Marquise !..

LA MARQUISE.

A ce soir, madame la Duchesse !..

LA DUCHESSE, arrêtant la Marquise qui la reconduit.

Je ne souffrirai pas, madame la Marquise...

LA MARQUISE, insistant.

Permettez, madame la Duchesse !..

LA DUCHESSE, lui faisant la révérence.

Madame la Marquise !..

LA MARQUISE, de même.

Madame la Duchesse !..

(Elle sort, suivie du notaire.)

SCÈNE II.

LA MARQUISE, puis SULPICE.

LA MARQUISE, seule.

Enfin, la voilà mariée !.. mariée à l'un des plus grands seigneurs de l'Allemagne !.. Cent cinquante quartiers de noblesse !.. Si Marie n'est pas heureuse avec ça !..

SULPICE, à la cantonnade.

C'est bien, pleurard !.. on y va !..

LA MARQUISE.

C'est vous, Sulpice !..

SULPICE.

Oui, madame la Marquise... votre vieil intendant m'a dit que vous me demandiez.

LA MARQUISE, s'asseyant à gauche.

Approchez-vous... approchez-vous... je vous le permets.

SULPICE, à part.

Cette vieille femme-là m'intimide comme une première bataille !..

LA MARQUISE.

Vous êtes un brave homme, un bon soldat, Sulpice...

SULPICE.

Je crois, morbleu !.. (Se reprenant.) Vous êtes bien honnête, madame la Marquise !..

LA MARQUISE.

Depuis trois mois bientôt que vous fûtes blessé dans l'un de vos affreux combats, et qu'à la prière de Marie, j'obtins qu'on vous transportât dans mon château, je n'ai eu qu'à me louer de vous !..

SULPICE.

Et moi pareillement, madame la Marquise !..

LA MARQUISE.

Marie vous écoute... vous avez sa confiance...

vous m'avez aidé à la rendre plus docile... Grace à mes soins, ses maîtres ont eu quelque empire sur elle... son ton et ses manières soldatesques ont presque entièrement disparu...

SULPICE, à part.

Merci, l'ancienne !..

LA MARQUISE.

Et j'ai pu lui choisir pour époux l'un des plus illustres seigneurs de la Bavière, le duc de Crakentorp.   (Elle se lève.)

SULPICE.

Voilà un fameux nom !..

LA MARQUISE.

Il y avait bien quelques difficultés... La vieille Duchesse voulait retarder encore, sous prétexte de l'absence de son neveu... mais j'ai fait passer outre... et tout est convenu !

SULPICE.

Et Marie... mademoiselle Marie ?..

LA MARQUISE.

Elle a consenti... mais pas avec cet empressement que j'aurais désiré... Aussi, je compte sur vous pour lui donner du courage... Nous signons ce soir même, ici, le contrat qu'on enverra au Duc, à la cour.

SULPICE.

C'est ça... un mariage au pas de charge !

LA MARQUISE.

Mais ce n'est pas tout !.. Les bonnes âmes du pays, jalouses de cette union, après avoir tout fait pour en détourner la Duchesse, ont prétendu que Marie était gauche et mal élevée... Et jugez... si l'on se doutait de ce qu'elle a été !..

SULPICE, riant.

Vivandière, une future duchesse !..

LA MARQUISE.

Silence ! au nom du ciel !.. Aussi, je veux les confondre en leur montrant ses graces, ses talens... Je veux que la voix charmante de Marie les ravisse, les transporte... et que son futur, lui-même... Silence ! la voici !..

SULPICE, à part, la voyant entrer.

Pauvre fille !.. comme elle a l'air gai pour un jour de noces !..

SCÈNE III.

LES MÊMES, MARIE.

LA MARQUISE, à Marie.

Allons, approchez... approchez, mon enfant !
           (Elle l'embrasse.)

MARIE, tendant la main à Sulpice.

Bonjour, Sulpice !..

LA MARQUISE.

Elle est charmante !.. Que de grace !.. de modestie !.. Qui se douterait jamais, qu'il y a un an, cette enfant-là... J'espère, ma nièce, qu'aujourd'hui vous allez faire honneur à nos leçons, en présence de tous les nobles du voisinage, que j'attends pour la signature de votre contrat.

MARIE.

Moi, ma tante !..

LA MARQUISE.

Sans doute !.. vous chantez déjà fort bien... la romance, surtout !

MARIE, bas à Sulpice.

J'aimais mieux nos anciennes chansons !

SULPICE, de même.

Et moi, donc !..

LA MARQUISE.

Nous allons essayer cette romance nouvelle, d'un nommé Garat, un petit chanteur français.

SULPICE.

Un Français !.. Crédié ! l'air doit être belle !

LA MARQUISE.

Sujet ravissant ! et d'un neuf !.. les amours de Cypris.

SULPICE, à lui-même.

Cypris !.. connais pas !

LA MARQUISE, se mettant au clavecin, à droite.

M'y voici... commençons !

MARIE, tristement, à part.

Chantons !..

SULPICE, s'asseyant à gauche.

Et nous, écoutons !

TRIO.

MARIE.

« Le jour naissait dans le bocage,
» Et Cypris, descendant des cieux,
» Venait chercher sous le feuillage
» L'objet si tendre de ses feux !

SULPICE, bas à Marie.

Nos chants étaient moins langoureux !
(Chantant à mi-voix.)
     Rantanplan !
     Rantanplan !

MARIE, de même, sur l'accompagnement de la Marquise.

     Rantanplan !
     Rantanplan !
C'est le refrain du régiment !

LA MARQUISE, l'interrompant.

Eh mais ! qu'entends-je donc ?..

MARIE, avec embarras.

Pardon ! pardon !.. c'était une distraction !
(Continuant le chant.)

« Cet amant, à qui Vénus même,
» De la valeur, donnait le prix...
» Le plus aimable... »

LA MARQUISE.

Allez donc !

MARIE.

« Le plus aimable du pays...
» Et de la beauté... de la beauté... »

SULPICE, allant lui souffler la ronde.

          Bien suprême !

MARIE, répétant avec distraction,

     Bien suprême !
     Le voilà, morbleu !
     Il est là, corbleu !

SULPICE, avec force.

C'est le Vingt-et-unième !

LA MARQUISE, avec indignation.

Que dites-vous ?.. quoi ! l'amant de Cypris...

SULPICE, continuant.

L'effroi des amans, des maris,
Et de la beauté bien suprême !
     Le voilà, morbleu !
     Il est là, corbleu !
     C'est le Vingt-et-unième !

ENSEMBLE.

LA MARQUISE, entre eux.

Ah! quelle horreur! Est-il possible
De mêler un air si touchant,
Une romance si sensible
Avec un chant de régiment!

MARIE et SULPICE, à part.

Hélas! hélas! votre air sensible
Ne vaut pas nos refrains, vraiment!
Et je sens qu'il m'est impossible
De les oublier maintenant.

LA MARQUISE, à Marie, en retournant au clavecin.

Continuons!

MARIE.

Je le veux bien!

Bas, à Sulpice.)

Mais, hélas! je n'y comprends rien!
« En voyant Cypris aussi belle,
» Bientôt les échos d'alentour...

LA MARQUISE, la soufflant.

» De la jalouse Philomèle...

MARIE.

» De la jalouse Philomèle...

LA MARQUISE, de même.

» Redirent les soupirs d'amour!

MARIE.

» Redirent les soupirs d'amour! »

SULPICE, bas à Marie.

A tous les soupirs de la belle,
Moi, je préfère le tambour.

LA MARQUISE.

Ma nièce, soupirons comme elle!
Tra la, la, la,

MARIE, répétant.

La, la, la, la, la.

LA MARQUISE.

Non, ce n'est pas cela...
La, la, la, la.

MARIE, variant.

La, la, la, la, la.

LA MARQUISE.

C'est trop brillant, cela!

SULPICE.

Tra la, la, la, la.
Mais c'est charmant cela...

MARIE.

Tra la, la, la, la, la.

LA MARQUISE.

Plus fort!

MARIE.

La, la, la, la.

LA MARQUISE.

Plus doux!..

MARIE.

La, la, la, la.

LA MARQUISE.

C'est bien!

MARIE.

La, la, la, la.

LA MARQUISE.

C'est mal!..

MARIE, avec humeur.

Oh! ma foi, j'y renonce...
Au moins, au régiment
Le chant allait tout seul.

LA MARQUISE.

O ciel! quelle réponse!

MARIE.

En avant! en avant!
Rantanplan! plan, plan,
C'est le refrain du régiment.

SULPICE et MARIE.

En avant! en avant!
Rantanplan! plan, plan!
C'est le refrain du régiment!

LA MARQUISE, se bouchant les oreilles, avec dépit.

Ah! quelle horreur! Est-il possible
De mêler un air si touchant,
Une romance si sensible
Avec un chant de régiment.

LA MARQUISE, à Marie.

En vérité, ma nièce, je ne vous comprends
pas... voilà vos anciennes habitudes, vos chants
de régiment qui reviennent encore... Cela me
met les nerfs dans un état... Aussi, Sulpice...
c'est votre faute... vous l'encouragez!..

SULPICE, faisant des signes à Marie.

Le fait est que c'est un peu... un peu jovial!..

MARIE, bas à Sulpice.

Comment! et toi aussi!..

LA MARQUISE.

Au nom du ciel, Marie, ne soyez pas ainsi devant votre nouvelle famille... Vous me l'avez
promis à moi, votre bonne tante, qui vous aime
tant... Il y aurait de quoi rompre à jamais votre
illustre mariage!..

SULPICE.

Certainement! c'est trop gaillard pour la cir-
constance!..

LA MARQUISE.

Aujourd'hui, surtout, que je réunis les plus
nobles têtes du pays... des têtes égales à la
mienne.

SULPICE.

Cré coquin! quels chefs de file!..

(Un domestique paraît à droite.)

LA MARQUISE.

Suivez mes conseils, je vous en prie... Je suis
obligée de vous quitter pour faire encore quelques invitations dans les environs... Soyez rai-
sonnable, mon enfant... Allons, embrassez-moi...
tenez-vous droite... levez la tête... là!.. comme
ça!.. A la bonne heure!.. Quelle jolie duchesse
cela fera!.. Embrassez-moi encore... Sulpice!
je vous la confie jusqu'à mon retour.

SULPICE.

Suffit, madame la Marquise... on fera sa fac-
tion en conscience!..

LA MARQUISE, se retournant au moment de sortir.

Elle est charmante!..   (Elle sort par le fond.)

SCÈNE IV.

MARIE, SULPICE,

MARIE, à part.

Tenez-vous droite!.. levez la tête!.. quel
ennui!.. quel supplice!..

SULPICE.

Par file à gauche... la voilà partie!.. viens m'embrasser!..,

MARIE, avec effusion.

A la bonne heure, donc!.. je te retrouve... te voilà comme autrefois!..

SULPICE.

Est-ce que je peux t'aimer devant la vieille... elle me tient en respect avec ses grands airs... et puis, ses falbalas... ses panaches... rien ne m'impose comme les panaches!..

MARIE.

Mais, moi... est-ce que je ne suis pas toujours la même pour toi... ta fille... la fille du régiment.

SULPICE.

Motus sur cet article, mon enfant... te voilà grande dame, par la grace de Dieu et des Pirchefeld... tu as un rang, un nom... comme dit l'ancienne... faut y faire honneur!

MARIE.

Ah! mon pauvre Sulpice... que je suis malheureuse...

SULPICE.

Malheureuse!.. toi, qui vas devenir duchesse, princesse... que sais-je?..

MARIE.

Oh! ce mariage, Sulpice... il n'est pas encore fait...

SULPICE.

Non... mais il va se faire... et puis, si c'est un brave homme, ton prétendu... tu l'aimeras...

MARIE.

Je ne crois pas!..

SULPICE.

Si fait... ça viendra... ça vient toujours!..

MARIE.

C'est que... c'est venu pour un autre!..

SULPICE.

Nous y voilà!..

MARIE.

Ce pauvre Tonio... ce jeune Tyrolien qui s'est engagé pour moi...

SULPICE.

Allons donc!.. est-ce qu'il pense encore à toi... depuis qu'il est des nôtres surtout... ces soldats, ça mène le sentiment tambour battant!.. je sais ça par expérience, moi... un amour par étape...

MARIE.

Tu crois?.. j'en ai peur... aussi, de désespoir, j'ai fait tout ce qu'on a voulu... j'ai promis de me marier... à qui?.. je n'en sais rien... ça m'est égal!..

SULPICE.

A un duc, mon enfant... un grand seigneur... superbe!.. Un duc, c'est toujours magnifique... c'est de l'état...

MARIE.

Et toi, je ne te verrai plus!..

SULPICE.

Si fait, morbleu!.. dès que j'aurai un bras ou une jambe de moins... je reviendrai près de toi... un peu dépareillé... (Montrant son cœur.)

Mais de là, toujours complet... et à moins que ton mari ne veuille pas de moi!..

MARIE.

Oh! quant à ça... sois tranquille... je te ferai mettre dans le contrat de mariage...

SULPICE.

C'est ça... avec les charges!..

SCÈNE V.

LES MÊMES, HORTENSIUS.

HORTENSIUS.

Dites donc, grenadier!..

SULPICE.

Hein?.. voilà ce vieux hibou d'intendant!.. Qu'est-ce qu'il y a?..

HORTENSIUS.

Il y a, grenadier, qu'on vous demande!..

SULPICE.

Qui ça?.. Mme la Marquise?..

HORTENSIUS.

Eh non, grenadier!.. puisqu'elle est partie!.. C'est un homme qui... un homme que...

SULPICE, avec ironie.

Un homme qui... un homme que...

HORTENSIUS.

Enfin, allez-y voir!..

SULPICE.

C'est bien... on y va!.. c'est étonnant comme il est aimable... (A Marie.) Allons, ferme!.. puisque la vieille le veut... c'est pour ton bien... elle t'aime tant... voyons... un peu de courage...

MARIE, tristement.

J'en aurai... je te le promets!..

HORTENSIUS, bas à Sulpice.

C'est un soldat... avec une épaulette en or.

SULPICE, s'arrêtant.

Ah! bah!...

MARIE, se retournant.

Hein?.. qu'est-ce que c'est?..

SULPICE, balbutiant.

Rien!.. rien... C'est un homme qui... un homme que... (A part.) Mille z'yeux! ça m'a coupé la respiration!.. (Haut, à Marie.) Attends-moi, mon enfant.   (Il sort.)

HORTENSIUS, à part.

Oui... un soldat... deux soldats... et puis l'autre... c'est une caserne que ce château!..
                                        (Il sort.)

SCÈNE VI.

MARIE, seule.

C'en est donc fait... et mon sort va changer,
Et personne en ces lieux ne vient me protéger!..

CAVATINE.

Par le rang et par l'opulence,
En vain l'on a cru m'éblouir!
Il me faut taire ma souffrance...
Et ne vivre qu'en souvenir!..
Sous les bijoux et la dentelle,

Cachons des chagrins superflus...
A quoi donc me sert d'être belle,
Puisqu'hélas! il ne m'aime plus!..

(Agitato.)

O vous à qui je fus ravie,
Dont j'ai partagé le destin...
Je donnerais toute ma vie,
Pour pouvoir vous serrer la main!
Pour ce contrat fatal tout prend un air de fête...
Je vais signer hélas! mon malheur qui s'apprête!

(Elle va pour sortir, et s'arrête tout-à-coup, en entendant au loin une marche militaire; elle écoute attentivement et dit avec joie.)

Mais qu'entends-je au lointain?.. ciel! ne rêvé-je pas?
Cette marche guerrière... ah! voilà bien leurs pas...

(Elle court à la fenêtre, l'ouvre, agite son mouchoir.)

O transport! douce ivresse!
Mes amis, en ces lieux!
Souvenirs de tendresse,
Revenez avec eux!

(Cabaletta.)

Salut à la France!
A mes beaux jours!
A l'espérance!
A mes amours!
Salut à la gloire!
Voilà pour mon cœur.
Avec la victoire,
L'instant du bonheur!

SCÈNE VII.

MARIE, Soldats entrant tumultueusement de
tous côtés et se groupant autour de Marie.

CHŒUR.

C'est elle! notre fille!
Notre enfant! quel destin!
Tes amis, ta famille,
Te retrouvent enfin!

Marie, dans leurs bras.

Mes amis! mes amis! votre main!.. dans vos bras!
De plaisir, de surprise, ah! l'on ne meurt donc pas!
Salut à la France!
A mes beaux jours!
A l'espérance!
A mes amours!

ENSEMBLE.

MARIE.	CHŒUR.
Salut à la gloire!	C'est elle! c'est notre fille!
Voilà pour mon cœur,	Notre enfant... quel destin!
Avec la victoire,	Tes amis, ta famille,
L'instant du bonheur!	Te retrouvent enfin!

SCÈNE VIII.

Les Mêmes, SULPICE, puis TONIO.

SULPICE.

Les amis... les camarades ici!..

TOUS, l'entourant.

Sulpice! Sulpice!..

SULPICE, avec joie.

Les voilà tous!.. tous près de nous!..

Jacques... Thomas... Étienne... pas un ne manque à l'appel!..

MARIE, cherchant des yeux.

Pas un...

TONIO, paraissant.

Non Mam'zelle... non... pas un de ceux qui
vous aiment!..

MARIE, avec joie.

Tonio!..

TONIO.

Tonio... qui les a guidés... dirigés jusqu'ici!..

MARIE.

Tonio... mon Tonio!.. oh! cela fait un
bien... quand on se croyait oubliée... (A Sulpice.)
Mais regarde-le donc... il a une épaulette!..

TONIO.

Dam! quand on veut se faire tuer, on avance!

SULPICE.

Je le crois parbleu bien!.. salut, mon officier!.. et ces pauvres camarades qui sont tous
debout, bien fatigués et bien altérés sans doute...
il faut les faire boire à ta santé...

TOUS.

Bien volontiers!..

MARIE, à Sulpice.

Et ma tante... si elle revenait!..

SULPICE.

Tu as raison... mais là-bas, dans l'orange-
rie... au bout du parc...

LES SOLDATS.

Holà! quelqu'un... la maison!..

SCÈNE IX.
Les Mêmes, HORTENSIUS.

HORTENSIUS.

Ah! miséricorde!.. des soldats... toujours
des soldats... Ah ça! mais il en pleut donc des
soldats!.. qu'est-ce que c'est que ça?.,

MARIE.

Mes amis... mes camarades... à qui tu vas
donner le meilleur et le plus vieux vin de ma
tante...

HORTENSIUS.

Par exemple!..

SULPICE, à Hortensius.

Tu as entendu le mot d'ordre... marche!..

HORTENSIUS.

Comment, marche!.. qu'est-ce que c'est que
ces manières-là?.. ce château est donc au pillage?.. Non!.. je ne marche pas!.. je me ré-
volte... je m'insurrectionne... et à moins qu'on
ne m'enlève...

SULPICE, aux soldats.

Eh bien! enlevez-le, vous autres!..

HORTENSIUS, se débattant.

C'est une horreur!.. une trahison... un atten-
tat de lèze-intendant!

(Les soldats l'enlèvent et sortent en tumulte.)

SCÈNE X.
SULPICE, MARIE, TONIO.

ENSEMBLE.

Tous les trois réunis,
Quel plaisir, mes amis!
Quel bonheur, quelle ivresse!
Doux instants de tendresse!

SULPICE.

Doux souvenir!

TONIO.

Beau temps de guerre!

MARIE.

Ah! loin de nous...

SULPICE.

Vous avez fui!

TONIO.

Il reviendra...

SULPICE.

Je n'y crois guère...

MARIE.

Ce temps passé... mais le voici...
Près de toi, Sulpice, et près de lui!

ENSEMBLE.

Tous les trois réunis,
Quel plaisir, mes amis, etc.

(Sulpice passe entre eux.)

TONIO.

Tu parleras pour moi!

MARIE.

Tu parleras pour lui!

TONIO.

Tu combleras mes vœux!

MARIE.

Tu le dois, mon ami.

SULPICE.

Mais vous ne savez pas... écoutez-moi...

MARIE et TONIO.

Il me faut ta promesse,
Puisque j'ai sa tendresse...
Et puisque j'ai sa foi!

REPRISE DE L'ENSEMBLE.

Tous les trois réunis,
Quel plaisir, mes amis!
Quel bonheur, quelle ivresse!
Doux instans de tendresse!
Nous voilà réunis.

SULPICE.

Mais la tante, mes pauvres enfans... la terrible tante... j'ai une peur affreuse qu'elle ne vienne... (A Tonio.) Aussi, mon brave, du courage... et en route!..

TONIO.

La quitter!.. quitter Marie, maintenant!.. Oh! jamais!.. rien ne peut plus m'en séparer... je la demanderai à la Marquise, elle-même... et si l'on me la refuse... si l'on me repousse... eh bien! je parlerai alors... et l'on verra!..

SULPICE.

Et qu'est-ce que tu diras?..

TONIO.

Je dirai... je dirai ce que je ne voudrais pas dire... ce que m'a confié mon oncle le bourgmestre de Laëstrichk, chez qui je me suis arrêté en venant ici... je lui ai tout conté... mon amour, mon chagrin de la naissance de Marie... et alors... Oh! le brave homme!.. il m'a révélé un secret qui doit nous rendre tous heureux!..

MARIE et SULPICE.

Un secret!..

TONIO.

Sans doute... mais j'ai promis, à mon oncle, de le taire, à moins qu'on ne me force à parler... et grace à notre bon Sulpice... nous n'en viendrons pas là... nous attendrirons la Marquise...

SULPICE.

Oui... avec ça que c'est facile... une vieille qui n'entend pas raison... sur l'article mariage, surtout!..

MARIE.

Qui sait!.. elle m'aime tant... et si mon bon Sulpice veut lui parler pour nous...

SULPICE.

Eh bien! je risque la bombe!.. je me dévoue... mais à une condition...

TONIO et MARIE.

Laquelle?..

SULPICE.

C'est qu'il va s'en aller... et que la douairière ne le verra que plus tard, après la bataille... si nous la gagnons... je la connais... si elle vous trouvait ensemble, tout serait perdu!..

TONIO, allant à Marie.

Oui... je m'en vais... je pars!..

SULPICE.

Si c'est comme ça que tu t'en vas!.. Silence! écoutez...

MARIE.

Quoi donc?

SULPICE.

Une voiture qui s'arrête, c'est sans doute elle qui revient... Et les autres qui sont là à boire... Et la famille des Crikentorp qui va venir... si les camarades voyaient ces têtes-là... En v'là une rencontre qui serait terrible!.. (A Tonio.) Va-t'en! va-t'en!..

TONIO.

Adieu, Marie... adieu!..   (Il gagne le fond.)

SULPICE, le rappelant.

Non, pas par là... Par la petite porte du parc... Allons, demi-tour à droite, file!.. (Il ouvre la porte à gauche pour faire sortir Tonio, la Marquise paraît sur le seuil. A part.) La tante! nous sommes bloqués!..

SCÈNE XI.
LES MÊMES, LA MARQUISE.

LA MARQUISE.

Qu'ai-je vu?.. Un soldat ici!.. près de ma nièce!.. Comment, Sulpice, vous avez permis...

SULPICE, à part.

Voilà que ça commence!..

MARIE.

Ma tante!..

LA MARQUISE.

Taisez-vous!

TONIO.

Madame...

LA MARQUISE.

Qui êtes-vous, monsieur? Que voulez-vous?
Que venez-vous faire ici?..

TONIO.

Écoutez-moi, de grace!..

ROMANCE.

Pour me rapprocher de Marie,
Je m'enrôlai, pauvre soldat,
Et pour elle risquant ma vie,
Je me disais dans le combat :
Si jamais la grandeur enivre,
Cet ange qui m'a su charmer,
Il me faudrait cesser de vivre,
S'il me fallait cesser d'aimer!

ENSEMBLE.

LA MARQUISE.	TONIO.
Qu'a-t-il? quelle audace!	Pardonnez mon audace!
Qu'ose-t-il espérer?	Que je puisse espérer!
De ces lieux qu'on le chasse!	Ce bonheur, cette grace
Il n'y peut demeurer!	Que je viens implorer!

SULPICE.	MARIE.
Pardonnes son audace!	Pardonnez son audace!
Laissez-leur espérer	J'ai permis d'espérer,
Ce bonheur, cette grace,	Avec lui, cette grace,
Qu'ils osent implorer.	J'ose ici l'implorer.

TONIO.

Tout en tremblant, je viens, madame,
Réclamer mon unique bien!
Si j'ai su lire dans son âme,
Mon bonheur est aussi le sien!
Jusqu'à l'espoir, mon cœur se livre;
Sa voix saura vous désarmer...
Il nous faudrait cesser de vivre,
S'il nous fallait cesser d'aimer!

REPRISE DE L'ENSEMBLE.

LA MARQUISE.

En vérité! c'est d'une hardiesse!.. un homme
de rien! un soldat!

TONIO.

Sous-lieutenant, madame... et avec du bonheur et encore quelque bonne blessure!..

SULPICE.

Certainement!.. Une jambe de moins, et il fera son chemin; c'est comme ça qu'on marche à
la gloire chez nous!..

LA MARQUISE.

J'espère, au moins que cet amour n'est pas
partagé par ma nièce... par l'héritière des Berkenfield.

MARIE.

Ma tante...

LA MARQUISE.

Je ne vous demande rien, mademoiselle... je
ne veux rien savoir... je rougirais trop de me
tromper.

TONIO.

Rougir d'être aimé d'un honnête homme, d'un
bon militaire qui a voulu se faire tuer vingt fois
pour se rendre digne d'elle. Non, madame, non,
je connais Marie, elle ne rougira pas plus de
moi, que de ses anciens amis, de ses vieux camarades...

MARIE.

Quant à ça, ma tante, il a raison, mon régiment, mon père... (Touchant son cœur.) Il est là,
voyez-vous... et, rien au monde ne pourra l'en
ôter!..

SULPICE.

Voilà parler, mille z'yeux!..

LA MARQUISE, sévèrement.

Sulpice!.. (A Tonio.) Monsieur, ma nièce est
promise... dans une heure on signe le contrat...
Vous voyez qu'il est inutile de conserver plus
long-temps le fol espoir qui vous amène ici; et
je vous prie de quitter ces lieux à l'instant même.

TONIO.

Ainsi, madame... vous me renvoyez, vous me
chassez!..

LA MARQUISE.

Je ne vous retiens pas du moins!..

SULPICE, à part.

Ça se ressemble!

TONIO.

Eh bien, puisque vous m'y forcez... puisque
vous m'enlevez Marie... puisque vous voulez
faire mon malheur et le sien... rien ne me re-
tient plus... je suis dégagé de ma promesse et je
parlerai!

LA MARQUISE.

Que signifie?...

TONIO.

Ça signifie que mon oncle, le bourgmestre de
Laëstrichk, qui connaît votre famille et toutes
celles du canton, m'a révélé un secret qu'il m'a-
vait fait jurer de taire, pour votre honneur, et
pour ne pas priver celle que j'aime de vos bienfaits. Mais, maintenant, on saura tout!

LA MARQUISE, vivement.

Monsieur!..

TONIO.

Le capitaine Robert n'a jamais épousé votre
sœur!...

LA MARQUISE.

Monsieur!..

MARIE et SULPICE.

Qu'entends-je?..

TONIO.

Attendu que vous n'avez jamais eu de sœur...
et Marie n'est pas votre nièce!..

LA MARQUISE, à part.

Ah! mon Dieu!..

SULPICE et MARIE.

Que dit-il!..

TONIO.

Marie est libre!.. elle est la fille du régiment,
qu'on a trompé pour lui enlever son enfant d'a-
doption... Et ses amis, son seul père ont le droit
d'enchaîner sa volonté, de disposer de sa main.

MARIE, courant à la Marquise.

Madame!..

LA MARQUISE, d'une voix étouffée.

Marie, mon enfant, je vous en prie.., je vous
en conjure... ne croyez rien de ce que dit cet
homme.

TONIO.

On le prouvera!.. et nous reviendrons tous
ici la chercher, l'emmener, sans que personne
puisse s'y opposer...

LA MARQUISE.
M'enlever Marie... jamais!..

SULPICE.
Au fait! ils en auraient le droit!

LA MARQUISE, avec reproche.
Et vous aussi, Sulpice. (A Tonio.) Sortez, monsieur, je vous l'ordonne. Quant à vous, Marie, rentrez dans votre appartement... et si vous avez quelque affection pour moi, vous m'écouterez, vous m'obéirez comme à la personne qui vous aime le plus et le mieux au monde : allez, mon enfant, allez !

SULPICE, à Tonio.
Et nous, volte-face !..

LA MARQUISE.
Restez, Sulpice !..

SULPICE.
Moi ?
(Marie sort par la droite et Tonio par le fond.)

SCÈNE XII.
LA MARQUISE, SULPICE.

SULPICE, à part.
Ah! mon Dieu! qu'est-ce qui va se passer!

LA MARQUISE.
Nous sommes seuls... répondez : Croyez-vous qu'ils auraient l'audace de venir ici, chez moi... me forcer...

SULPICE.
Dam ! s'il dit la vérité; si le capitaine Robert...

LA MARQUISE.
Ah! ne prononcez pas ce nom-là !..

SULPICE.
Si vous n'êtes pas sa tante...

LA MARQUISE, avec explosion.
Sulpice !.. (S'arrêtant tout-à-coup.) Écoutez-moi, vous êtes un honnête homme, vous ne voudriez pas perdre une pauvre femme qui se confie à vous.

SULPICE,
C'est bien de l'honneur, Mme la Marquise.

LA MARQUISE.
Il y a des secrets qui brisent le cœur, vous me plaindrez, je l'espère. et vous ne m'abandonnerez pas !...

SULPICE, à part.
Que va-t-elle me dire, bon Dieu !

LA MARQUISE.
La haute noblesse de ma famille, son désir de me faire contracter un mariage digne de mon nom, m'avait condamnée au célibat, bien au-delà de l'âge où les demoiselles de mon rang se marient d'ordinaire. J'avais trente ans, et quoique belle alors, j'étais libre encore...

SULPICE, à part.
Pauvre fille !..

LA MARQUISE.
Le capitaine Robert m'avait vue... et mes faibles attraits lui inspirèrent des pensées bien coupables...

SULPICE.
On dit qu'il était...

LA MARQUISE.
Charmant !.. je l'aimais, je ne m'en défends

pas... et malgré mon horreur pour une mésalliance, je lui aurais donné ma main, si son départ pour une campagne nouvelle ne nous eût brusquement séparés à Genève, où j'avais eu la faiblesse de le suivre en secret...

SULPICE.
Ah ! ah !..

LA MARQUISE.
Quelque temps après, je revins l'attendre dans ce château... mais j'y revins seule... .sans elle...

SULPICE.
Elle !.. qui donc ?..

LA MARQUISE.
Ma fille!..

SULPICE.
Marie !..

LA MARQUISE.
Ma fille... dont il fallait cacher la naissance au risque de me perdre...

SULPICE, à part.
Oui... oui... j'y suis à présent !..

LA MARQUISE.
Comprenez-vous, maintenant, pourquoi entourée de cette noblesse si fière, si hautaine, je tremble que mon secret n'éclate à tous les yeux.... comprenez-vous aussi.... que j'aime Marie... et que me l'enlever, ce serait m'arracher la vie...

SULPICE.
On ne vous l'enlèvera pas, Mme la marquise... on ne vous l'enlèvera pas !

LA MARQUISE.
Ce mariage sauve tout... il donne un nom, un rang, à celle que je ne puis avouer... et me permet de lui assurer toute ma fortune.... décidez Marie à le contracter... et j'aurai pour vous une éternelle reconnaissance!..

SULPICE.
Suffit, Mme la Marquise... suffit !

LA MARQUISE.
Et quant à mon aveu, songez-y, Sulpice... c'est ma vie, mon honneur que je vous ai confiés !..

SULPICE.
Fiez-vous à moi, Mme la Marquise... un cœur de soldat... ça ne trompe pas... et ça ne trahit jamais !

SCÈNE XIII.
LES MÊMES, HORTENSIUS.

HORTENSIUS.
Mme la Marquise !..
(Ils se séparent avec effroi ; Hortensius recule.)

LA MARQUISE.
Qu'y a-t-il ?.. que me voulez-vous ?..

HORTENSIUS.
La société commence à venir.... le notaire attend déjà dans la bibliothèque.... et tous vos vassaux s'apprêtent à danser devant le château !...

LA MARQUISE, à part.
Ah ! mon Dieu ! dans quel moment !..

HORTENSIUS, bas à Sulpice.
Et les autres qui sont là-bas, à boire...

LA MARQUISE, à Hortensius.

Eh bien! faites entrer le notaire... c'est ici que je recevrai... sortez!.. (Hortensius sort. — A Sulpice.) Ne perdez pas un instant... allez trouver Marie... allez!..

SULPICE.

J'y vais, Mme la Marquise... j'y vais... mais, tenez, à votre place, moi je chercherais un autre moyen de faire le bonheur de Marie... et je romprais tout cela...

LA MARQUISE.

Mais je le voudrais maintenant, que je ne le pourrais plus, sans un bruit, un scandale qui éveillerait peut-être des soupçons!.. eh! tenez, les voici... je compte sur vous, sur vous seul, mon brave Sulpice... (Lui tendant la main.) Mon ami!..

SULPICE.

Mme la Marquise!.. (A part.) Pauvre femme!.. et quand je songe que depuis un an, Marie est là, près d'elle... et qu'elle n'ose pas... cré coquin!.. mais moi, à sa place, je lui dirais vingt fois par jour en l'embrassant... je suis ta... (Voyant la marquise qui le regarde.) J'y vais, Mme la Marquise...   (Il sort vivement.)

SCÈNE XIV.

LA MARQUISE, UN VALET faisant entrer successivement les personnes invitées, LE NOTAIRE, LA DUCHESSE.

(On entend un air de walse sous les fenêtres du château.)

LA MARQUISE, à elle-même.

J'éprouve un trouble... une agitation... et recevoir dans un pareil moment! (Allant à la duchesse qui entre.) Ah! Mme la Duchesse... avec quelle impatience nous vous attendions, ma nièce et moi... je vais avoir l'honneur de vous la présenter tout à l'heure...

LA DUCHESSE.

N'est-elle point ici!..

LA MARQUISE.

Elle va venir... sa toilette qu'elle finit... elle à tant à cœur de plaire à Mme la Duchesse... et puis, vous le savez... le trouble, l'émotion d'un pareil moment!..

LE NOTAIRE, développant le contrat.

Tout le monde est-il présent?..

LA DUCHESSE, avec ironie.

Tout le monde, excepté la future... et à moins qu'une indisposition...

LA MARQUISE.

Sans doute... elle a les nerfs si délicats... je vais envoyer savoir... (Apercevant Sulpice, bas.) Ah! Sulpice!.. eh bien! Marie?..

SCÈNE XV.

LES MÊMES, SULPICE.

SULPICE, bas à la Marquise.

Impossible de la décider à venir!..

LA MARQUISE, de même.

Ah! mon Dieu!..

SULPICE.

Mes instances, mes prières... rien n'a réussi... elle refuse...

LA MARQUISE.

Que faire?.. que devenir?..

SULPICE.

Je la connais... elle ne viendra pas!..

LA MARQUISE.

O ciel!..

SULPICE.

A moins, peut-être, que je ne lui dise tout!..

LA MARQUISE.

Y pensez-vous!..

SULPICE.

Alors, le respect, l'obéissance... vous comprenez... elle n'osera plus!..

(La Duchesse se rapproche.)

LA MARQUISE, bas.

Eh bien! s'il faut ce dernier sacrifice... allez, et qu'elle vienne à tout prix!..   (Sulpice sort.)

SCÈNE XVI.

LA MARQUISE, LES INVITÉS, LE NOTAIRE.

LE NOTAIRE.

M. le duc Scipion, retenu par son service, à la cour, m'a fait remettre sa procuration, par laquelle il consent à s'unir à Mlle Marie...

LA MARQUISE, avec orgueil.

De Berkenfield!..

LE NOTAIRE.

De Berkenfield... tous les articles du contrat étant arrêtés entre les deux familles... il ne reste plus qu'à signer!..

LA DUCHESSE, avec colère.

Signer!.. mais encore une fois, Mme la Marquise, et votre nièce?.. on ne se conduit pas ainsi avec la première noblesse du pays!

LA MARQUISE, à part.

Ah! je me sens mourir!..

SCÈNE XVII.

LES MÊMES, MARIE, SULPICE.

LA MARQUISE, apercevant Marie.

Ah! c'est elle!..

MARIE, s'élançant, d'une voix étouffée.

Ma mère...

LA MARQUISE, l'empêchant d'achever.

Marie!.. mon enfant!..

SULPICE, à la Marquise.

Prenez garde!.. on a les yeux sur vous!..

LA DUCHESSE.

Enfin, Mme la Marquise...

MARIE, avec effort, passant à la Duchesse.

Oh! maintenant, j'obéirai... ce contrat... donnez... je suis prête...

(On entend du bruit au dehors.)

12

SCÈNE XVIII.

LES MÊMES, puis TONIO, LES SOLDATS.

FINALE.

TOUS.

Mais, ô ciel! quel bruit! quels éclats.

TONIO, paraissant, aux soldats.

Suivez-moi! suivez-moi!

LES INVITÉS, avec effroi.

D'où viennent ces soldats?..

CHŒUR DES SOLDATS.

Au secours de notre fille,
Nous accourons tous ici.
Oui, nous sommes sa famille,
Et nous serons son appui.
Mon enfant, sèche tes larmes,
Plus de crainte et plus d'alarmes.
Mon enfant, non, plus d'effroi.
Nous voici tous près de toi.

TONIO, montrant Marie.

Ils viennent la sauver... car on la sacrifie;
On voudrait nous ravir le bonheur et la vie.
Et d'un mariage odieux
Lui faire, ici, serrer les nœuds.

LES SOLDATS, avec force.

Jamais! jamais!..

LES INVITÉS.

Expliquez-vous!..

TONIO.

Je ne dois plus me taire...

LES SOLDATS.

Marie était la vivandière,
Et la fille du régiment!

LES INVITÉS.

Une fille de régiment!

SULPICE.

Tout est conçu maintenant!

MARIE, s'avançant.

Quand le destin, au milieu de la guerre,
Enfant, me jeta dans leurs bras,
Ils ont recueilli ma misère...
Ils ont guidé mes premiers pas!
Ils ont pris soin de mon enfance...
Ah! mon cœur pourrait-il jamais
Oublier sa reconnaissance...
Quand j'existe par leurs bienfaits!

LES INVITÉS, se rapprochant d'elle.

Au fait, elle est charmante!
Ce noble aveu, vraiment,
Prouve une âme excellente,
Et mon cœur le comprend!

LA DUCHESSE, à Marie, avec bonté.

Oublions le passé... signons, ma chère enfant!

TONIO, regardant Marie qui prend la plume.

Marie, elle consent!

LA MARQUISE, à part.

O ciel! tant de douleur,
Et c'est pour moi... si soumise et si bonne,

(Courant à Marie qui va signer.)

Arrêtez! arrêtez! l'époux que je lui donne,
Ah! c'est l'époux que son cœur a choisi...
Et cet époux... cet époux... le voici!

SULPICE, avec transport montrant la Marquise.

C'est bien, morbleu! j' crois que si j'osais,
Pour ce trait-là, j' l'embrasserais!

LA DUCHESSE, et LES INVITÉS.

Quel affront! et quelle insolence!

(La Duchesse et ses invités sortent.)

CHŒUR GÉNÉRAL.

Salut à la France!
A ses beaux jours!
A l'espérance!
A nos/leurs amours!

FIN.

Imprimerie de Mme De Lacombe, rue d'Enghien, 12.